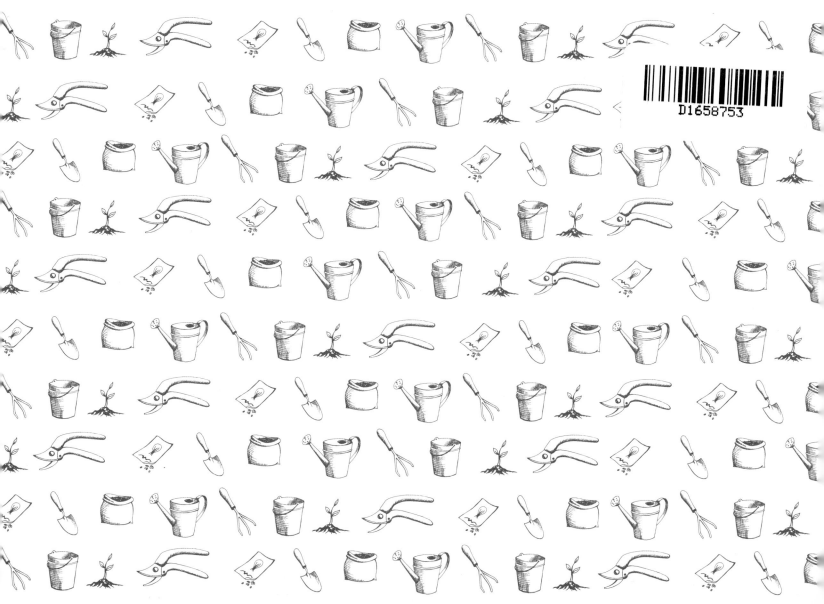

LE POTAGER
illustré

© 2017, éditions Rustica, Paris
Dépôt légal : février 2017
ISBN : 978-2-8153-0936-3
www.rustica.fr

LE POTAGER
illustré

Textes de Robert Elger
Dessins de Michel Loppé

Rustica éditions

Sommaire

Avant-propos 8

Monter une couche chaude 10
Semer des fèves 11
Semer des coquerets du Pérou 12
Semer des tomates 13
Multiplier des crambes maritimes 14
Semer des poivrons 15
Multiplier et repiquer des chervis 16
Semer des poireaux 17
Semer des carottes primeurs 18
Repiquer des bulbes d'oignons 19
Tailler et palisser des framboisiers 20
Semer des navets primeurs 21
Tailler et palisser des ronces à mûres 22
Semer des radis de printemps 23
Semer des choux à repiquer 24
Semer des petits pois à rames 25

Griffer et pailler des fraisiers...... 26
Forcer en place des endives...... 27
Semer des carottes...... 28
Confectionner son compost...... 29
Planter des asperges...... 30
Repiquer des laitues...... 31
Rempoter de jeunes semis de tomates...... 32
Semer du persil en pleine terre...... 33
Œilletonner des artichauts...... 34
Semer du basilic thaï...... 35
Semer et repiquer des poirées...... 36
Planter des pommes de terre...... 37
Planter des choux-fleurs...... 38
Semer des choux-raves...... 39
Semer sur butte des laitues pommées...... 40
Protéger les poireaux des parasites...... 41
Entretenir des framboisiers...... 42
Planter des tomates...... 43

Planter des aubergines...... 44
Planter des courgettes...... 45
Planter des potirons...... 46
Diviser une menthe...... 47
Repiquer des chicorées scaroles ou frisées... 48
Semer des laitues à couper...... 49
Poser des rames de haricots grimpants...... 50
Semer des haricots grimpants...... 51
Semer des haricots nains...... 52
Marcotter un estragon...... 53
Tailler des tomates...... 54
Butter et arroser des haricots...... 55
Planter des choux de Bruxelles...... 56
Planter des poireaux...... 57
Tailler des courges coureuses...... 58

Éclaircir et repiquer des chicorées 59
Bouturer une sauge 60
Multiplier des fraisiers 61
Stratifier des graines
de cerfeuil tubéreux 62
Semer de la mâche 63
Semer des épinards 64
Récolter des graines d'aneth 65
Récolter des graines de basilic 66
Récolter des graines de tomates 67
Faire mûrir des tomates en fin
de saison 68
Récolter le poireau perpétuel 69
Récolter et conserver
des haricots grains 70
Récolter et conserver
des betteraves rouges 71
Mettre en place une fumure d'automne 72

Protéger du froid les légumes d'hiver 73
Débutter et butter des asperges blanches 74
Diviser un pied de rhubarbe 75
Planter un framboisier 76
Planter des ails 77
Récolter des salsifis 78
Bouturer un groseillier à grappes 79

Pictogrammes

Grâce aux pictogrammes, vous saurez en un coup d'œil l'essentiel concernant les conditions de culture de chaque plante.

Période de semis, de taille ou d'intervention

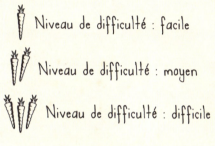

Niveau de difficulté : facile

Niveau de difficulté : moyen

Niveau de difficulté : difficile

Fréquence d'arrosage

Luminosité nécessaire

Température inférieure à 20 °C

Température supérieure à 20 °C

Période de récolte

Avant-propos

Semer, repiquer, rempoter, arroser, récolter... Somme toute, jardiner ne consiste qu'en une longue suite de gestes adéquats à pratiquer au moment opportun. Se succédant inlassablement tout au long de la saison, ce sont eux qui, au fil des jours, font de votre jardin ce que vous avez envie qu'il devienne.

Ces gestes, il arrive que le jardinier les découvre tout seul. Si vos légumes ont mûri, il faut bien les récolter, même si personne ne vous l'a appris. Une gestuelle adaptée se met alors spontanément en place, presque à votre insu. Mais le plus souvent, ces façons de faire sont transmises au hasard des expériences familiales et des rencontres, des lectures et des médias. Car entendre et voir faire, c'est déjà apprendre.

Un petit dessin vaut mieux qu'un long discours ! Support pédagogique à part entière, il permet d'assimiler en un seul regard des méthodes parfois complexes. Des mots l'accompagnent certes, mais au départ est le dessin ! Un simple coup d'œil sur les aquarelles aussi belles qu'explicites de Michel Loppé et vous saurez comment semer, bouturer ou aérer votre sol. Et une fois que vous savez, c'est pour toujours. Comme la bicyclette !

Chacun de vos gestes devra être effectué à une époque optimale qui s'adapte un peu, selon la météo du jour ou votre disponibilité. Néanmoins l'improvisation dans ce domaine est rarement productive. Une graine ne germe pas à tout moment, pas plus qu'une bouture n'émet ses racines dans n'importe quelle situation. N'attendez pas que l'envie vous prenne pour semer vos tomates !

Pour les cueillir en août, elles doivent être repiquées en mai ; et pour être repiquées en mai, elles requièrent un semis en février ou mars.

Selon l'espèce, chaque culture présente un niveau de difficulté propre, évalué ici comme facile (🥕), moyen (🥕🥕) ou difficile (🥕🥕🥕). Rarement induites par le geste lui-même, ces complications peuvent être liées à diverses particularités culturales, à des façons de faire nécessitant un matériel spécifique ou à une sensibilité forte à un type de parasites.

La culture d'un potager se fait généralement à l'air libre, en place. Mais certaines interventions s'effectuent à l'abri, c'est-à-dire sous serre ou dans une véranda — en particulier celles qui relèvent de près ou de loin de la multiplication. Les plantes étant abritées, il est en effet plus facile de répondre à leurs exigences dans ce moment délicat qui conduit la graine à la plantule, ou la bouture à émettre ses premières racines.

D'autre part, chaque plante présente des besoins spécifiques — en eau, en lumière et en température — qu'il est nécessaire de connaître et de respecter. D'autant que vous avez la possibilité d'agir sur eux, soit directement (par l'arrosage), soit indirectement (par le choix de l'exposition ou de l'époque d'intervention).

Les récoltes, enfin, concluent l'ensemble des gestes effectués en culture. Si la manière de procéder varie énormément, il est rarement pertinent de les anticiper ou de trop les retarder. Comme souvent au jardin, avant l'heure, ce n'est pas encore l'heure. Mais après l'heure, il est déjà trop tard !

Monter une couche chaude

Une couche chaude vous permettra de démarrer vos premières mises en culture dès fin février.

Février

Difficulté

Régulier

Forte

Entre 20 et 22 °C

Creusez une fosse de 60 cm de profondeur et comblez-la de fumier de cheval frais mélangé de feuilles mortes de l'automne. Tassez au pied et arrosez copieusement au tuyau. Après 10 jours, déposez en surface 20 cm d'un mélange de bonne terre de jardin et de compost. Coiffez-le d'une serre-châssis un peu plus petite que la fosse. Vos semis peuvent débuter !

Semer des fèves

C'est avec les fèves que débutent les semis de pleine terre.

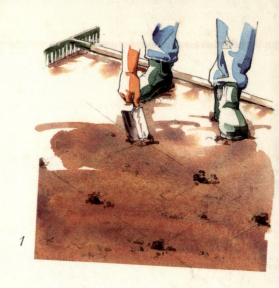
1

Creusez de petits poquets de 3 cm de profondeur et écartés de 20 cm, en quinconce. Déposez dans chacun 2 à 3 graines de fèves puis recouvrez de terre finement émiettée. Il est inutile d'arroser. Étalez sur toute la rangée un voile de forçage qui favorisera la germination. Quand les jeunes pousses atteignent 15 cm de hauteur, buttez-les et, éventuellement, tuteurez-les.

2

3

De février à début mars

Forte

Difficulté

Entre 5 et 15 °C

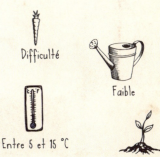
Faible

De fin mai à juin

Semer des coquerets du Pérou

Semez tôt ces délicieuses baies sucrées dont la récolte n'intervient pas avant l'automne.

De fin février à début mars

Difficulté

Épisodique

Entre 20 et 25 °C

Forte

Octobre

1

2

3

Remplissez des godets avec un terreau de semis bien humifère ou un mélange de bonne terre de jardin et de compost fin. Déposez 3 à 4 graines dans chaque contenant et recouvrez d'une fine pellicule de ce même substrat. Quand les plantules atteignent 3 à 5 cm de hauteur, repiquez-les dans des pots et gardez-les à l'abri pendant 3 à 4 semaines. Attendez la mi-mai pour installer au jardin ce légume assez frileux.

Semer des tomates

De toutes les plantations à effectuer en mai, la tomate est sans conteste l'une des plus faciles à réussir.

Février ou mars
Forte

Difficulté
Entre 18 et 25 °C
Épisodique
De juillet à septembre

Remplissez une terrine de terreau horticole, nivelez la surface et tassez modérément. Ouvrez avec l'index des trous espacés de 2 à 3 cm et profonds d'1 cm. Déposez-y une graine. Recouvrez de 2 à 5 mm de terreau puis brumisez la surface. Posez une plaque de verre de la taille de la terrine pour concentrer la chaleur et éviter les dessèchements brutaux. La levée interviendra 8 à 10 jours plus tard.

1

2

3

Multiplier des crambes maritimes

Cueillies après blanchiment, les jeunes pousses de crambe maritime ont une délicate saveur de chou-fleur.

Février ou mars

Difficulté
Régulier

Forte

Entre 10 et 18 °C

Février (après 2 ans de culture en place)

1

2

Prélevez un jeune éclat au pied d'un crambe vigoureux en place depuis au moins 3 ans. Retaillez les racines à 5 cm mais gardez intactes les jeunes feuilles de l'année. Repiquez le plant dans un pot garni d'un terreau très humifère et tassez énergiquement au collet avant d'arroser abondamment. Moins d'un mois plus tard, votre jeune crambe pourra être planté au jardin.

3

Semer des poivrons

Bien que les poivrons soient très exigeants en chaleur, leur culture évoque beaucoup celle des tomates.

Remplissez une terrine de semis avec un bon terreau humifère et tassez-le en surface avec une planchette. Tracez de petits sillons de 5 mm de profondeur et déposez-y les graines en les espaçant d'1 cm environ. Nivelez le terreau afin de les enterrer très superficiellement. Humidifiez légèrement avec un brumisateur puis, par la suite, très régulièrement jusqu'à la levée. Un repiquage intermédiaire en petits pots est nécessaire avant la plantation définitive à la mi-mai.

De février à début mars

Difficulté

Régulier

Forte

Entre 22 et 25 °C

De juillet à septembre

Multiplier et repiquer des chervis

Bien que longue, la culture du chervis ne présente pas de difficulté particulière.

De février à avril

Difficulté

Faible

Moyenne

Entre 5 et 15 °C

D'octobre à mars

Arrachez les pieds de chervis en place, avant de les diviser en les éclatant à la main en petites touffes. Pour chaque pied, conservez entre 3 et 5 belles racines renflées et charnues. Repiquez-les à 25 cm d'écartement, dans une terre profondément aérée et finement ameublie en surface. Arrosez dès la plantation. Par la suite, seul un été excessivement sec impliquera un arrosage suivi.

1

2

3

Semer des poireaux

Les premiers poireaux se sèment alors que ceux de l'année précédente se récoltent encore au potager.

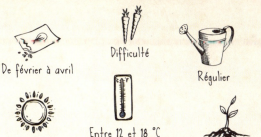

De février à avril · Difficulté · Régulier
Moyenne · Entre 12 et 18 °C · À partir de novembre

1

2

3

Remplissez un godet ou un pot de terreau fin et humifère. Tassez afin que le niveau du terreau soit inférieur d'1 cm au bord du contenant. Éparpillez régulièrement les graines et recouvrez-les d'environ 1 cm de terreau. Arrosez abondamment. Renouvelez régulièrement les apports d'eau jusqu'à la plantation en pleine terre. Chaque fût de poireau mesurera alors entre 3 et 5 mm de diamètre.

Semer des carottes primeurs

Comme la laitue de printemps et les radis, les carottes primeurs s'implantent au jardin dès le mois de mars.

Mars

Difficulté

Épisodique

Forte

Entre 10 et 15 °C

Juin et juillet

1

2

3

Tracez des sillons d'1 cm espacés de 15 à 20 cm dans une terre profondément aérée et finement ameublie. Déposez les graines au fond des sillons à la main ou avec un semoir manuel, sans trop les serrer. Nivelez le sol avec un râteau pour les recouvrir très légèrement. Tassez avec le dos du râteau et arrosez abondamment en pluie. Recouvrez d'un voile de forçage pour hâter la germination et la croissance.

Repiquer des bulbes d'oignons

Si la terre est lourde et humide, les bulbes d'oignons seront repiqués sur billon.

Dressez de petites buttes de 15 à 20 cm de haut le long de la ligne de plantation. Avec une houe ou un piochon, ouvrez sur le dessus une petite saignée avec la langue d'une serfouette. Posez-y les petits bulbes d'1 à 1,5 cm de diamètre, espacés de 10 cm mais à peine enterrés. Par la suite, entretenez à la binette une petite tranchée entre les lignes pour maintenir les bulbes au sec jusqu'à la récolte.

1

2

3

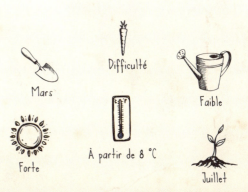

Mars

Forte

Difficulté

À partir de 8 °C

Faible

Juillet

Tailler et palisser des framboisiers

Sans être complexes, la taille et le palissage des framboisiers nécessitent un certain savoir-faire.

Mars ou avril

Difficulté

Épisodique

Forte

À partir de 5 °C

Juin et juillet

Coupez au ras du sol les cannes de framboisiers âgées de 2 ans. Conservez les rameaux de l'année précédente, qui porteront des fruits cet été. Dans le cas d'une variété remontante, taillez ces pousses à environ 1 m de haut en supprimant la partie du rameau ayant fructifié. Pour faciliter la cueillette, palissez les cannes fructifères : tendez 2 fils en parallèle, à 50 cm du sol et espacés d'autant, et laissez croître librement les nouvelles pousses de l'année au centre.

2

3

Semer des navets primeurs

Les navets primeurs se récoltent entre 3 et 5 cm de diamètre, moins de 3 mois après le semis.

 Mars ou avril
 Difficulté
 Régulier
 Moyenne
 Entre 8 et 16 °C
 Mai ou juin

1

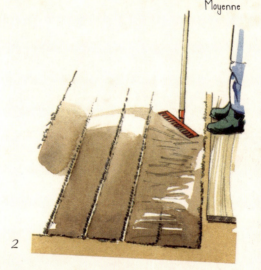
2

3

Aérez et ameublissez la parcelle destinée à recevoir vos navets de printemps. Nivelez-la à la griffe avant de tracer tous les 20 cm des sillons parallèles et peu profonds. Déposez les graines au fond des sillons sans les serrer. Ne recouvrez que très peu votre semis avant de tasser la terre avec le dos du râteau. Installez un voile de forçage afin de hâter la germination : perméable, il permettra un arrosage suivi sans que vous ayez à le déposer.

Tailler et palisser des ronces à mûres

La végétation des ronces à mûres requiert impérativement une taille et un palissage.

Mars ou avril

Difficulté Faible

Forte

À partir de 5 °C

Juillet

1

2

Les ronces à mûres fructifiant sur des pousses apparues l'année précédente, conservez ces dernières. Retaillez à leur base tous les rameaux de deux ans (ceux qui ont porté des fruits l'année précédente). Guidez les longs rameaux sur leur support de palissage et attachez-les en éventail – « à la diable » – afin de permettre un ensoleillement maximal des jeunes fruits, garant de la richesse en sucre de vos récoltes.

Semer des radis de printemps

Moins de 25 à 40 jours séparent le semis et la récolte des petits radis ronds de printemps.

Aérez et ameublissez finement la terre puis tracez des sillons espacés de 15 à 20 cm et d'1 à 3 cm de profondeur (les radis mi-longs sont semés plus profondément que les radis ronds). Déposez les graines au fond des sillons, sans les serrer. Ramenez la terre avec le râteau et tassez le sol par un abondant arrosage en pluie. Par la suite, conservez au sol sa fraîcheur par des arrosages répétés. Si la levée est trop drue (moins d'1 cm entre 2 plants), éclaircissez-les.

1

2

3

Mars ou avril

Moyenne à forte

Difficulté

À partir de 12 °C

Régulier

Avril ou mai

Semer des choux à repiquer

Avant repiquage au potager, tous les choux d'été, d'automne et d'hiver sont semés « en pépinière ».

Mars ou avril

Difficulté
Régulier

Moyenne à forte

Entre 7 et 15 °C

Entre juillet et avril selon l'espèce

Les choux appréciant les terres neutres à calcaires, apportez 3 poignées d'amendement calcique par mètre carré avant d'aérer et d'ameublir le sol. Dans des sillons de 2 à 3 cm de profondeur, espacés de 15 à 20 cm, déposez une graine tous les 3 cm. Comblez et tassez avec le dos du râteau. Arrosez de suite, puis jusqu'au repiquage. À 10 °C, les graines lèvent en 5 à 7 jours et les plants sont prêts à être transplantés au bout de 4 à 6 semaines.

Semer des petits pois à rames

Pour un semis en mars, préférez les variétés de petits pois à grains lisses ; en avril, ceux à grains ridés.

 Mars ou avril

 Difficulté

 Moyenne à forte

 Entre 10 et 17 °C

 Épisodique

 Juin

1

2

3

Déposez les graines dans des sillons profonds de 2 à 3 cm, dans une terre meuble et aérée, tous les 2 à 3 cm. Refermez les sillons au râteau et, par temps sec, arrosez en pluie. Quand les plantules atteignent 10 cm, buttez-les afin de raffermir leur ancrage au sol. Pour optimiser leur production et faciliter la récolte, toutes les variétés de petits pois à rames nécessitent un soutien (tuteurs ou filet à ramer).

Griffer et pailler des fraisiers

Demeurant à la même place pendant 3 ans, les fraisiers demandent à être griffés et paillés chaque printemps.

1

2

Après démarrage de la végétation – mais avant la floraison –, aérez la terre entre vos pieds de fraisiers avec une griffe à 3 dents ou une serfouette. Par temps sec, arrosez. Déposez une épaisse couche de paille broyée, d'aiguilles de pin ou de paillette de lin : elle conservera au sol sa fraîcheur, limitera les mauvaises herbes, évitera aux futures fraises d'être salies de terre et, après décomposition, enrichira le sol.

Forcer en place des endives

Les endives se forcent en cave tout l'hiver et directement en place au jardin à partir du mois de mars.

Arrachez les dernières racines à la fourche-bêche et coupez-les à 20 cm de longueur. Disposez-les à la verticale, côte-à-côte, dans une fosse creusée au jardin, le collet à ras de terre. Couvrez-les de terre fine et arrosez en pluie. Déposez une couche de paille tassée puis couvrez d'une bâche en plastique. À 12 °C, 6 semaines seront nécessaires pour qu'apparaissent les premiers chicons que vous récolterez au fur et à mesure de leur formation.

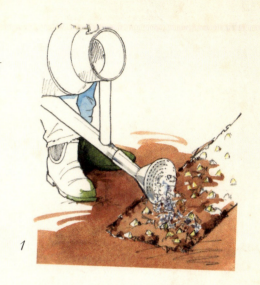
1

2

3

De mars à mai

Difficulté

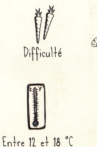
Épisodique

Entre 12 et 18 °C

Nulle

Mai et juin

Semer des carottes

La germination de la carotte peut prendre jusqu'à 25 jours. Armez-vous de patience !

De mars à juin

Difficulté

Régulier

Moyenne à forte

Entre 10 et 18 °C

De juillet à décembre

Nivelez le sol au râteau après l'avoir aéré et ameubli. Ouvrez des sillons profonds de 2 cm et écartés de 25 cm en faisant glisser votre serfouette le long d'un cordeau tendu. Déposez les graines à l'aide d'un semoir à main pour éviter de les semer de façon trop dense. Comblez les sillons en recouvrant les graines d'un film de terre. Tassez énergiquement avec le dos du râteau avant d'arroser en pluie.

Confectionner son compost

Le compostage permet de recycler toutes les matières organiques issues du jardin et de la maison.

 De mars à octobre
 Difficulté
 Épisodique
 Faible
 Entre 12 et 22 °C
 Entre 3 et 9 mois

1

2

3

Au fur et à mesure de leur disponibilité, entassez diverses matières organiques dans votre composteur : déchets de cuisine, résidus de taille et de tonte, fleurs fanées, feuilles mortes… Aérez à l'aide d'une fourche à 2 ou 3 reprises pendant l'été afin d'homogénéiser la décomposition. Comptez 3 mois pour récupérer un compost jeune, 6 mois pour un compost intermédiaire et 9 mois pour un compost mûr.

Planter des asperges

Repiquées au printemps, vos griffes d'asperges assureront une première récolte d'ici 2 ou 3 ans.

Avril

Difficulté

Faible

Forte

Entre 10 et 16 °C

D'avril à mi-juin

Creusez une tranchée large de 40 cm et profonde de 30 cm. Aérez le fond de la tranchée et ajoutez 5 cm de compost ou de fumier bien décomposé. Formez de petites buttes tous les 40 cm et déposez sur chacune d'elles une griffe (une racine rhizomateuse d'asperge âgée d'1 ou 2 ans). Matérialisez leur emplacement avec un tuteur en bambou puis recouvrez de 10 cm de terre. Par la suite, votre ligne d'asperges sera recouverte d'une butte en fin d'hiver et débuttée en automne.

1

2

3

Repiquer des laitues

Les laitues de printemps sont à la fois les plus appréciées et les plus faciles à produire.

Incorporez au sol 10 à 15 litres de compost par mètre carré. Tendez un cordeau et repiquez chaque mini-motte de laitue pourvue de 3 ou 4 feuilles à l'aide d'un plantoir ou d'une pelle à transplanter, pas trop profondément (le collet doit se trouver au niveau du sol). Comptez 25 à 30 cm entre deux pieds. Tassez bien. Arrosez de suite, directement au goulot. Par la suite, poursuivez régulièrement vos arrosages jusqu'à la récolte.

1

2

3

Avril

Difficulté

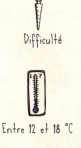
Entre 12 et 18 °C

Moyenne à forte

Régulier

Mai

Rempoter de jeunes semis de tomates

*Les jeunes tomates nécessitent un rempotage
3 semaines à 1 mois après le semis.*

1

2

3

Repiquez les tomates semées en terrine le mois dernier dès l'apparition des cotylédons ou des 2 premières vraies feuilles. Remplissez d'un bon substrat humifère vos petits pots avant d'ouvrir un petit trou de plantation avec l'index. Prélevez délicatement la jeune pousse avec une fourchette, sans abîmer les racines, et déposez-la dans le trou. Ramenez du terreau au pied et tassez au collet. Arrosez de suite, au goulot. Un second rempotage peut s'imposer avant la mise en place définitive en mai.

Semer du persil en pleine terre

Bien que long à germer, le persil s'installe au potager par semis sans difficulté particulière.

1

Trempez les graines dans un bocal d'eau à température ambiante pendant 24 heures pour accélérer la germination. Mettez-les à sécher sur une feuille de papier et déposez-les avec un semoir à main dans des sillons peu profonds, dans un sol aéré et meuble. Enterrez très légèrement la graine puis tassez la terre avec le dos du râteau. Arrosez copieusement en pluie et maintenez le sol frais jusqu'à la germination par des arrosages répétés. Éclaircissez à 8-10 cm, 15 jours après la levée.

2

3

Avril

Forte

Difficulté

Entre 12 et 20 °C

Régulier

À partir de juin

Œilletonner des artichauts

Les œilletons sont de jeunes rejets qui se développent sur des pieds d'artichauts âgés d'1 an ou plus.

Avril ou mai

Difficulté

Régulier

Moyenne à forte

Entre 12 et 15 °C

Automne ou printemps

Prélevez l'œilleton au pied d'un artichaut en pleine croissance à l'aide d'une serpette. Au besoin, raccourcissez-le à 15 cm en conservant ses jeunes racines. Replantez-le à sa place définitive après avoir aéré, ameubli et si nécessaire amendé le sol avec du compost. Tassez la terre à hauteur du collet et arrosez. Paillez en été et arrosez jusqu'aux premières pluies d'automne. Les premiers artichauts apparaîtront en septembre de cette année ou au printemps de l'année suivante.

1

2

3

Semer du basilic thaï

Puissamment aromatique, le basilic thaï épanouit en outre pendant tout l'été d'élégantes fleurs rouge pourpré.

Avril ou mai — Difficulté — Régulier

Forte — Entre 20 et 25 °C — De juin à septembre

1

2

3

Nivelez et tassez légèrement le terreau fin et humifère déposé dans votre bac à semis. Épandez les graines de façon homogène et recouvrez-les de 2 à 3 mm de ce même terreau. Tassez à nouveau puis arrosez en pluie. Quand les plantules atteignent 3 cm, prélevez-les en petites mottes et rempotez-les dans des godets de 9 cm de diamètre. Tassez à hauteur du collet avant d'arroser au goulot.

Semer et repiquer des poirées

Les poirées supportent les températures caniculaires pour peu qu'elles soient régulièrement arrosées.

Avril ou mai

Difficulté

Régulier

Moyenne à forte

Entre 8 et 18 °C

De juillet à décembre

Déposez 3 graines dans des godets remplis d'un terreau fin et humifère, entre 1 et 2 cm de profondeur. Arrosez en pluie. À la levée, ne conservez qu'un seul pied dans chaque pot (prélevés délicatement, les plants surnuméraires peuvent se repiquer). Fin mai, plantez les jeunes poirées en place avec un transplantoir. Arrosez de suite et buttez les pieds quand ils atteignent 30 cm de haut. Poursuivez vos arrosages jusqu'à la récolte.

Planter des pommes de terre

Attendez la fin des derniers risques de gelées pour planter vos pommes de terre.

Dans une terre fumée de l'automne et précédemment aérée, ouvrez avec la houe une tranchée profonde de 10 à 15 cm. Déposez les tubercules au fond, tous les 30 cm, et en tournant vers le haut les éventuels germes. Refermez la tranchée en recouvrant de terre les jeunes plants. 15 jours à 3 semaines plus tard, buttez une première fois les jeunes pousses dès leur sortie de terre. Prévoyez 1 ou 2 autres buttages dans les semaines à venir.

D'avril à début juin

Moyenne à forte

Difficulté

Entre 5 et 12 °C

Faible à épisodique

De juillet à septembre

Planter des choux-fleurs

Les choux-fleurs forment leurs lourdes têtes blanches 3 à 4 mois après leur plantation.

D'avril à juin

Difficulté

Régulier

Moyenne à forte

Entre 5 et 12 °C

D'août à septembre

1

2

3

Arrachez les jeunes replants semés en pépinière en mars et habillez-les en retaillant les racines et les feuilles de moitié. Faites courir la langue d'une serfouette le long d'un cordeau dans un sol enrichi de compost ancien ou de fumier composté. Repiquez profondément les jeunes choux-fleurs au plantoir, tous les 40 cm. Tassez énergiquement au collet avant d'arroser abondamment au goulot.

Semer des choux-raves

Les meilleurs choux-raves sont récoltés jeunes, avant leur complet développement.

Déposez 3 graines dans des poquets de 2 cm de profondeur, tous les 15 cm, dans une terre finement ameublie. Arrosez régulièrement en pluie. Quand les jeunes choux font apparaître 2 à 3 feuilles, éclaircissez-les en ne conservant qu'une pousse par poquet. Repiquez les jeunes plants prélevés dans une terre ameublie. Binez à 2 ou 3 reprises tant les choux-raves semés en place que ceux repiqués. Arrosez de façon répétée.

1

2

3

De fin avril à juillet

Moyenne à forte

Difficulté

Entre 15 et 23 °C

Régulier

De début juin à octobre

Semer sur butte des laitues pommées

Très populaire en permaculture, le semis des laitues sur butte requiert un tour de main particulier.

D'avril à août

Difficulté

Régulier

Moyenne à forte

Entre 12 et 20 °C

De mai à septembre

Griffez le sol afin de l'ameublir. Ouvrez un sillon de 2 cm de profondeur avec la langue de votre serfouette. Déposez les graines au fond avec un semoir à main pour éviter de semer de façon trop dense. Refermez le sillon avec la griffe et tassez avant d'arroser en pluie. Éclaircissez à 10 cm, puis une seconde fois à 25 cm. Arrachées avec soin, les jeunes plantules prélevées peuvent se repiquer.

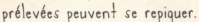

Protéger les poireaux des parasites

Parasites difficiles à contrôler, la mouche et la teigne compliquent fortement la culture du poireau.

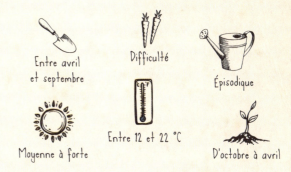

Entre avril et septembre — Difficulté — Épisodique

Moyenne à forte — Entre 12 et 22 °C — D'octobre à avril

1

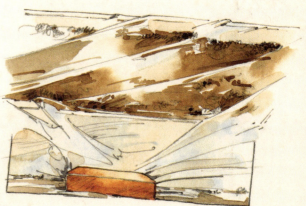

2

Ameublissez la terre d'un coffre amendée de compost et tracez des sillons de 2 cm de profondeur, espacés de 10 cm. Déposez les graines à la main ou au semoir manuel. Enterrez-les légèrement au râteau puis tassez avec une planchette. Arrosez en pluie fine. Coiffez votre coffre avec un voile anti-insectes jusqu'aux premières récoltes de fin d'automne pour limiter les attaques de la mouche et de la teigne.

Entretenir des framboisiers

Un minimum d'entretien s'impose pour cueillir les fruits délicieusement sucrés du framboisier.

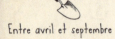
Entre avril et septembre

Difficulté

Régulier

Moyenne à forte

Entre 8 et 20 °C

De juin à septembre (selon les variétés)

Binez le sol au pied des framboisiers afin de l'aérer et de permettre aux pluies de pénétrer jusqu'aux racines. Supprimez les mauvaises herbes qui entrent en concurrence avec leur système racinaire très superficiel, en particulier les pousses de liseron qui s'accrochent aux cannes. Un épais paillis à leur pied évitera les déperditions d'eau par évaporation ainsi que le développement des herbes indésirables.

Planter des tomates

S'il est une culture que tout le monde apprécie au jardin, c'est bien la tomate !

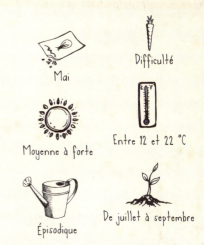

Mai

Difficulté

Moyenne à forte

Entre 12 et 22 °C

Épisodique

De juillet à septembre

Aérez finement le sol à l'aérabêche. Positionnez les plantes en pots tous les 40 à 50 cm. Utilisez une pelle à transplanter pour les mettre en terre et arrosez de suite au goulot. Déposez à leur pied un paillis (paille de lin ou de céréales hachée) pour conserver au sol sa fraîcheur et limiter les mauvaises herbes. Un tuteur est indispensable pour éviter que les pieds ne versent sous le poids des fruits.

Planter des aubergines

Proche de celle des tomates, la culture des aubergines requiert néanmoins plus de chaleur.

Mai

Difficulté

Régulier

Forte

Entre 15 et 22 °C

De juillet à septembre

1

2

Creusez un trou de plantation dans une terre finement émiettée et déposez au fond 2 pelletées de compost bien décomposé. Installez le pied d'aubergine et recouvrez la motte de terre meuble enrichie de compost. Tassez à hauteur du collet en aménageant une large cuvette. Tapissez celle-ci de tessons d'argile : ils emmagasinent la chaleur le jour et la rediffusent la nuit. Arrosez aussitôt au goulot, généreusement.

3

Planter des courgettes

Moins de 4 semaines séparent la plantation d'un pied de courgette des premières récoltes.

1

Ouvrez une cavité de 30 cm de large et profonde d'autant dans une terre aérée à la fourche-bêche ou à l'aérabêche. Comblez le trou d'un mélange moitié terre de jardin et moitié compost. Dépotez le plant de courgette et installez la motte avec une pelle à transplanter dans le mélange terre-compost. Tassez au collet et arrosez directement au goulot sans humidifier le feuillage. Une cuvette au pied optimisera les arrosages ultérieurs.

2

3

Mai ou juin

Difficulté

Régulier

Entre 10 et 18 °C

Moyenne à forte

De fin juin à septembre

Planter des potirons

Récoltés en automne, les potirons se conservent en cave jusqu'au début du printemps suivant.

Mai ou juin

Difficulté

Régulier

Moyenne à forte

Entre 13 et 20 °C

Octobre ou novembre

Après avoir aéré et ameubli la terre, marquez avec de petits tuteurs l'emplacement des futurs potirons. Prévoyez entre 2 pieds un écartement d'1,50 m. Creusez un trou de 30 cm de côté et comblez-le avec un mélange de terre fine et de compost. Plantez, tassez au collet et arrosez de suite au goulot, sans mouiller le feuillage. Entourez les plants d'une bande de cendre sèche pour les mettre à l'abri des limaces et des escargots.

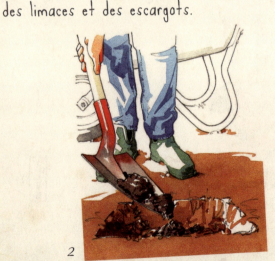

2

1

3

Diviser une menthe

La menthe est la plante aromatique la plus facile à multiplier. Ne vous en privez pas !

1

Arrachez la menthe avec sa motte à l'aide d'une fourche-bêche afin de ne pas abîmer ses racines. En vous servant d'un couteau de jardin, séparez la souche en plusieurs éclats pourvus chacun de plusieurs pousses et de quelques racines. Replantez chaque éclat dans un grand pot en terre enterré aux quatre cinquièmes afin de contenir par la suite cette aromatique envahissante.

2

3

Difficulté

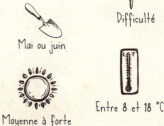
Mai ou juin

Moyenne à forte

Entre 8 et 18 °C

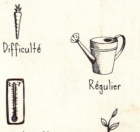
Régulier

De juin à septembre

Repiquer des chicorées scaroles ou frisées

Les chicorées scaroles et frisées montent moins facilement en graine en été que les laitues.

De mai à août

Difficulté

Épisodique

Forte

Entre 13 et 20 °C

De juin à octobre

1

2

Après l'avoir aérée, ameublissez finement à la griffe une parcelle recouverte de compost ancien. Servez-vous d'une petite fourche pour arracher les jeunes replants semés en pépinière. Raccourcissez au besoin les racines avec une serpette, sans trop émietter la motte. Repiquez-la au plantoir et arrosez de suite. Comptez de 25 à 30 cm entre deux plants.

3

Semer des laitues à couper

Moins de 5 semaines séparent le semis des laitues à couper des premières récoltes.

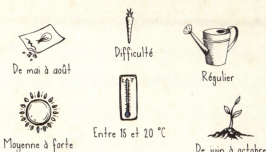

De mai à août — Difficulté — Régulier
Moyenne à forte — Entre 15 et 20 °C — De juin à octobre

Travaillez la terre à la griffe pour l'ameublir finement. Ouvrez à la serfouette 2 rayons écartés de 20 cm et profonds d'1 cm. Déposez les graines avec un semoir manuel, sans trop les serrer. Recouvrez très légèrement à la griffe ou au râteau. Tassez et arrosez abondamment en pluie. À la levée, qui demande entre 5 et 7 jours, éclaircissez les jeunes plantules à 5 cm. Pour la première récolte, pincez la pousse principale à 15 cm de hauteur.

1

2

3

Poser des rames de haricots grimpants

Implantez vos rames de haricots grimpants avant de procéder aux semis proprement dits.

De fin mai à début juillet

Difficulté
Épisodique

Forte

Entre 18 et 25 °C

De fin juillet à septembre

Choisissez de grandes cannes de bambous ou de vigoureuses pousses de noisetier de 2 m à 2,50 m. Pour une rangée double de haricots grimpants de 5 m de longueur, comptez 30 rames. Piquez les cannes, au besoin épointées, en tipi dans le sol et posez une ou plusieurs faîtières pour stabiliser le support. Solidarisez-les avec de la ficelle de sisal.

1

2

3

Semer des haricots grimpants

Une fois votre dispositif de soutien en place, semez de suite vos haricots grimpants.

Ouvrez à l'aide d'un transplantoir un poquet en demi-lune de 10 cm de long et de 3 cm de profondeur au pied de chaque rame. Déposez-y 5 à 7 graines et arrosez au besoin. Refermez le poquet avec de la terre fine et émiettée. Tassez à la main, sans trop appuyer. Les haricots germeront moins de 8 jours plus tard et les tiges s'élèveront le long de leur support.

1

2
3

De fin mai à début juillet

Difficulté

Épisodique

Forte

Entre 18 et 25 °C

De fin juillet à septembre

Semer des haricots nains

Très populaire dans les régions du Sud, le semis en poquet facilite le suivi de l'arrosage.

De fin mai à mi-juillet

Difficulté

Épisodique

Forte

Entre 18 et 25 °C

De juillet à septembre

Griffez le sol pour l'ameublir après l'avoir aéré. Ouvrez à la main ou à l'aide d'un transplantoir de petits trous d'environ 10 cm de diamètre, séparés de 25 cm. Déposez 5 à 7 graines de haricots au fond de chaque poquet. Si le temps est sec, arrosez au goulot à plusieurs reprises, en laissant s'infiltrer l'eau. Recouvrez les graines avec de la terre fine, sans la tasser, et arrosez à nouveau, en pluie fine cette fois.

1

2

3

Marcotter un estragon

L'estragon est une condimentaire vivace dont la souche disparaît en hiver pour réapparaître au printemps.

 De fin mai à juillet

 Difficulté

 Moyenne

 Régulier

 De mai à septembre — Entre 12 et 18 °C

1

2

À l'aide d'un couteau ou d'une serpette, prélevez dans le bas de votre souche d'estragon un rameau muni de quelques racines. Coupez au sécateur la partie supérieure et ne conservez que la partie inférieure longue d'environ 20 cm, en retaillant les racines trop longues ou abîmées. Repiquez la jeune marcotte dans un pot rempli de terreau de rempotage. Tassez à hauteur du collet. Arrosez et, par la suite, ne laissez pas le terreau se dessécher.

3

Tailler des tomates

Supprimez régulièrement les pousses et les feuilles des tomates afin de limiter la propagation des maladies.

De fin mai à septembre

Difficulté

Épisodique

Forte

Entre 18 et 22 °C

De juillet à septembre

Pincez les pousses qui se développent à l'aisselle des feuilles pendant les 2 à 3 premiers mois de culture. Attention à ne pas les confondre avec les jeunes grappes de fleurs qui porteront les futurs fruits et qui apparaissent, elles, à hauteur des entre-nœuds. En août, étêtez la tige principale au-dessus du 4ᵉ ou 5ᵉ bouquet floral. À partir de fin juillet, supprimez les feuilles desséchées ou noircies, en commençant au bas du pied.

1

2

Butter et arroser des haricots

Semés en mai, les haricots requièrent binage, buttage et arrosage pour optimiser les récoltes de juillet.

Quelques jours après la levée, binez le sol en surface pour ôter les mauvaises herbes et aérer la terre. Creusez à la serfouette une petite tranchée entre les lignes et buttez les jeunes plants de 20 cm afin de les ancrer au sol. Déposez le tuyau d'arrosage dans la tranchée et laissez l'eau s'écouler doucement. Poursuivez les apports d'eau par temps sec, principalement pendant la période de floraison et jusqu'à la formation des gousses.

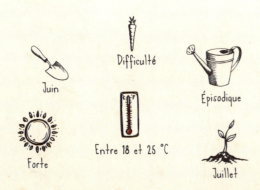

Juin — Difficulté — Épisodique — Forte — Entre 18 et 25 °C — Juillet

1

2

Planter des choux de Bruxelles

Vos récoltes de choux de Bruxelles plantés en juin se poursuivront pendant tout l'hiver.

Juin

Difficulté

Régulier

Moyenne à forte

Entre 10 et 18 °C

D'octobre à mars

1

2

3

Aérez et ameublissez le sol avant de faire courir un plantoir le long d'un cordon. Arrachez et habillez les jeunes plants en retaillant de moitié avec une serpette les feuilles et les racines. Repiquez-les en profondeur avec le plantoir, tous les 40 cm et en enterrant la base des 2 ou 3 premières feuilles. Tassez autour des pieds et arrosez de suite au goulot. Paillez en été et tuteurez dans les endroits exposés aux vents.

Planter des poireaux

Repiquez rapidement vos jeunes poireaux après arrachage car leurs racines sont fragiles.

Ouvrez à la serfouette une tranchée de 10 cm de profondeur dans une terre aérée et fortement amendée de compost ou de fumier composté. Coupez les racines des jeunes poireaux à 1 cm du fût et rabattez le feuillage jusqu'au blanc. Repiquez-les tous les 15 à 30 cm au fond de la tranchée, en bornant énergiquement chaque pied. Par la suite, comblez progressivement la tranchée pour allonger la partie blanche du fût.

1

2

3

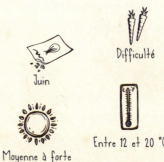

Juin

Difficulté

Moyenne à forte

Entre 12 et 20 °C

Régulier

De fin septembre à avril

Tailler des courges coureuses

La taille des courges limite leur croissance tout en stimulant la floraison et la fructification.

Entre juin et août

Difficulté

Régulier

Moyenne à forte

Entre 15 et 22 °C

Octobre

Étêtez la première pousse 3 semaines après la plantation, au-dessus des 2 premières feuilles. 3 semaines plus tard, conservez 5 feuilles (donc 5 yeux) sur les 2 pousses de la première taille. Puis, intervenez « à la demande ». Pour les potirons et autres courges géantes, limitez le nombre de fruits à 3. Pour les courges à petits fruits (potimarron, butternut), n'en gardez que 5 ou 6 par pied. Taillez en été les nouvelles pousses à 2 yeux après le dernier fruit à conserver.

Éclaircir et repiquer des chicorées

Scaroles, frisées ou italiennes, toutes les chicorées semées s'éclaircissent et se repiquent de la même façon.

 Entre juin et août
 Difficulté
 Régulier
 Entre 15 et 20 °C
 Forte
De juillet à novembre

1

2

3

2 à 3 heures avant le prélèvement, arrosez abondement les jeunes chicorées. Éclaircissez les plants en place à 25-30 cm en arrachant délicatement les jeunes replants sans abîmer les racines. Repiquez-les à l'aide d'un plantoir à la même distance que les chicorées maintenues en place. Tassez énergiquement à hauteur du collet les plantes repiquées et arrosez abondamment ou goulot. La récolte interviendra 4 semaines après la plantation.

Bouturer une sauge

Celui qui cultive de la sauge dans son jardin peut, dit-on, se passer de médecin.

Juillet ou août

Difficulté

Épisodique

Moyenne

Entre 15 et 18 °C

Toute l'année

1

2

3

Prélevez au sécateur un rameau de l'année, ferme et vigoureux, sur une sauge du jardin. Taillez la bouture à 15-20 cm, en supprimant à la serpette les feuilles du bas sur les deux tiers de la pousse. Rognez de moitié les feuilles supérieures avant de piquer la bouture dans un pot profond rempli d'une terre légère et sableuse. Arrosez en pluie et entreposez l'ensemble à l'ombre. L'enracinement demande 3 à 5 semaines.

Multiplier des fraisiers

Les fraisiers émettent en été de longues pousses qui, de place en place, forment de nouvelles rosettes.

1

Fixez la rosette nouvellement apparue à l'aide d'un cavalier métallique sur un godet rempli de terreau humifère et arrosez. En 15 jours, ce fraisier miniature développe des radicelles fortes et vigoureuses. Sevrez alors votre fraisier en coupant au ciseau le coulant qui le réunit encore à la plante mère. Repiquez aussitôt ce nouveau fraisier dans une terre richement amendée de compost.

2   *3*

 Juillet ou août

 Difficulté

 Régulier

Moyenne à forte

Entre 15 et 18 °C

 À partir de juin de l'année suivante

Stratifier des graines de cerfeuil tubéreux

Semez vos graines de cerfeuil tubéreux en automne ou stratifiez-les pour remettre vos semis au printemps prochain.

Juillet ou août

Difficulté

Aucun

Indifférente

Entre − 20 °C et 5 °C

Juillet

Déposez du sable fin et sec au fond d'une balconnière et épandez vos graines de cerfeuil tubéreux nouvellement récoltées à l'aide d'un semoir à main. Ajoutez une couche de sable et renouvelez le dépôt de graines, ceci jusqu'à la stratification complète de toutes vos graines. Recouvrez d'un grillage pour les mettre à l'abri des rongeurs et stockez le tout à l'extérieur jusqu'au printemps, où vous sèmerez en place le sable et les graines mélangés.

1

2

3

Semer de la mâche

Peu incommodée par le froid, la mâche poursuit sa croissance pendant tout l'hiver.

 D'août à octobre
 Difficulté
 Régulier
 Forte
 Entre 8 et 15 °C
 De novembre à avril

1

2

3

Comme la mâche pousse mieux sur sol compact, déposez les graines à la volée et de façon uniforme sur un sol préparé de façon sommaire. Griffez la terre pour enfouir très légèrement les graines et tassez énergiquement avec le dos du râteau. Arrosez abondamment en pluie avant de recouvrir le semis d'un voile de forçage que vous maintiendrez en place jusqu'aux premières récoltes.

Semer des épinards

Les épinards supportent mal la chaleur et se développent mieux entre septembre et mars.

Entre août et novembre

Difficulté

Épisodique

Moyenne à forte

Entre 5 et 15 °C

D'octobre à mai

Tracez un sillon de 2 cm dans un sol aéré en profondeur et ameubli en surface. Si le temps est sec, arrosez au goulot le fond du sillon. Déposez les graines tous les 2 cm, et recouvrez-les à la griffe ou au râteau avant de tasser la terre en surface. Arrosez à nouveau, en pluie cette fois. Ne laissez pas les épinards manquer d'eau et recouvrez-les d'un voile de forçage à partir de début octobre.

1

2

3

Récolter des graines d'aneth

Les jeunes feuilles et les graines d'aneth sont utilisées en condiment pour leur saveur anisée.

Prélevez les hampes desséchées à maturité, mais avant la chute naturelle des graines. Enfermez les ombelles dans un pochon en plastique ou en papier kraft et secouez pour faire tomber les akènes jaunâtres. Récupérez-les dans une enveloppe hermétique que vous maintiendrez au frais et au sec. Semez-les le printemps suivant, ou bien servez-vous-en pour aromatiser les liqueurs, les confitures et les cornichons confits.

1

2

3

Septembre / Forte

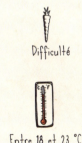
Difficulté / Entre 18 et 23 °C

Faible

Mai et juin (jeunes pousses), ou septembre (graines)

Récolter des graines de basilic

Pour éviter les hybridations intempestives, ne cultivez qu'une variété de basilic si vous souhaitez en récupérer les graines.

Septembre

Difficulté

Épisodique

Moyenne à forte

Entre 15 et 25 °C

De juin à septembre pour les feuilles

Une fois les épis floraux secs, prélevez-les avec des ciseaux. Égrainez les fruits en les frottant entre le pouce et l'index. Déposez les graines brunes sous une cloche dans une soucoupe maintenue à l'ombre et au sec. 2 semaines plus tard, soufflez doucement sur les graines pour ôter les impuretés et rangez-les dans un sachet kraft. Entreposées au frais et au sec, elles conservent leur potentiel germinatif pendant 8 ans et plus.

1

2

3

Récolter des graines de tomates

Il est possible de récupérer les graines de toutes les variétés de tomates, excepté celles des hybrides F1.

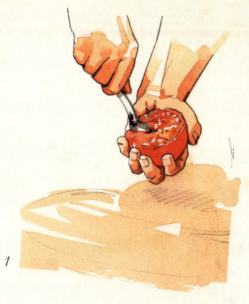
1

Coupez en deux une tomate bien mûre et représentative de la variété à multiplier. Prélevez la pulpe et les graines à la petite cuillère et déposez-les dans une soucoupe, à l'air libre et à température ambiante. Une fois l'ensemble moisi, séparez la pulpe des graines sous un filet d'eau dans un tamis de cuisine à mailles fines. Laissez les graines sécher sur une feuille de papier absorbant puis stockez-les au sec et au frais dans des sachets kraft.

2

3

 Difficulté

 Épisodique

 Septembre

 Entre 12 et 25 °C

 Moyenne à forte

 De mi-juillet à septembre

Faire mûrir des tomates en fin de saison

Entreposer les dernières tomates vertes dans la maison permet de prolonger leur consommation de près d'un mois.

Septembre et octobre

Difficulté
Aucun

Faible à moyenne

Entre 18 et 21 °C

De mi-juillet à septembre

Avant les premiers froids, arrachez les pieds de tomates et suspendez-les encore garnis de leurs fruits verts ou à peine colorés dans un local aéré, clair et tempéré. Vos tomates mûriront pendant les 2 mois à venir.
Vous pouvez également prélever les tomates qui peinent à mûrir et les emballer dans du papier journal, sans trop serrer. L'ambiance confinée permettra une concentration de l'éthylène nécessaire à leur maturation.

1

2

Récolter le poireau perpétuel

Drôle de légume que ce poireau perpétuel qui se récolte en hiver pour se dissimuler sous terre en été !

De septembre à février — Difficulté — Faible à épisodique

Moyenne à forte — Entre 3 et 12 °C — De septembre à février

1

2

Trois mois après la plantation, déchaussez les pieds des poireaux perpétuels pour faire apparaître la base blanche des fûts. Prélevez-les à la serpette en maintenant les pieds en place. Puis, ramenez la terre au pied. Ne prélevez vos fûts que sur des pieds vigoureux et en pleine croissance pour ne pas les affaiblir et cessez les prélèvements en mars afin de permettre à la souche de se reconstituer.

3

Récolter et conserver des haricots grains

Pour conserver les haricots grains, cueillez-les en automne après dessèchement de la cosse.

Octobre ou novembre

Difficulté

Aucun

Moyenne à forte

Entre 12 et 25 °C

Octobre ou novembre

1

2

Coupez à ras de terre avec une cisaille les pieds de haricots jaunissants. Rassemblez-les en javelles et laissez-les sécher au soleil, directement sur la parcelle de culture. Attachez-les en fagotins quelques jours plus tard pour les suspendre dans un endroit sec et aéré. Conservez-les ainsi et écossez-les juste avant de les cuisiner. Pour une consommation immédiate, vous pouvez récolter, à mi-maturité, la gousse déjà pleine mais les grains encore tendres.

3

Récolter et conserver des betteraves rouges

Maintenues en silo, les betteraves rouges se conservent jusqu'aux premières semaines d'avril.

Arrachez les racines avec une fourche-bêche et coupez les feuilles au collet. Creusez un trou dans un endroit abrité du potager, tapissez-le de paille et déposez délicatement les betteraves. Quelques branches rassemblées en fagot feront office de cheminée d'aération. Recouvrez d'une nouvelle couche de paille et d'une plaque grillagée pour éloigner les rongeurs. Une plaque étanche en tôle ou en polypropylène préservera votre silo de la pluie.

1

2

3

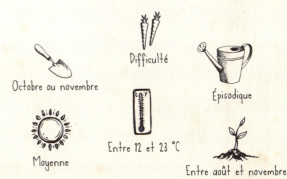

Octobre ou novembre

Difficulté

Épisodique

Moyenne

Entre 12 et 23 °C

Entre août et novembre

Mettre en place une fumure d'automne

Les fumures assouplissent le sol et restituent les éléments fertilisants prélevés par les anciennes cultures.

Octobre ou novembre

Difficulté

Inexistant

Indifférente

Entre 0 et 12 °C

Nettoyez sommairement la surface du sol des résidus des anciennes cultures avec une serfouette ou une griffe. Disposez du fumier en tas à raison de 3 brouettées pour 10 m². S'il est très pailleux, étalez-le en surface, sans l'enfouir. Au printemps suivant, aérez le sol à la fourche-bêche et ameublissez-le en surface en incorporant la fumure maintenant décomposée. Ne lésinez pas sur les quantités : « à petit fumier, petit grenier ».

1

2

3

Protéger du froid les légumes d'hiver

Bien que rustiques, les légumes comme les choux de Milan et les poireaux gagnent à être préservés des intempéries.

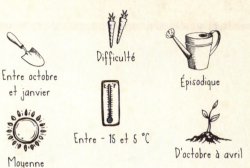

Entre octobre et janvier — Difficulté — Épisodique — Moyenne — Entre -15 et 5 °C — D'octobre à avril

1

2

3

Tapissez le pied des choux avec des feuilles mortes de l'automne. En cas de chute brutale des températures, ajoutez une butte de terre et à nouveau des feuilles mortes, en maintenant l'ensemble en place avec un voile d'hivernage. Les poireaux se contenteront d'un épais paillis de paillette de lin ou de paille broyée.

Débutter et butter des asperges blanches

Les turions blancs de l'asperge se forment au cœur d'une butte de terre, à l'abri de la lumière du jour.

Octobre et février

Difficulté

Faible

Forte

Entre 5 et 12 °C

D'avril à mi-juin

1

2

En automne, rabattez les tiges desséchées de vos asperges et nivelez à l'aide d'une griffe la butte établie au printemps. Déposez une épaisse couche de fumier pailleux, sans l'enfouir. L'établissement d'une nouvelle butte haute d'environ 40 cm interviendra en février de l'année suivante. Recouvrir la butte d'un film en plastique noir hâtera d'1 à 2 semaines l'apparition des premières asperges.

3

Diviser un pied de rhubarbe

Attendez 3 ans avant de prélever les premiers pétioles de rhubarbe sur un pied nouvellement planté.

Arrachez à la fourche-bêche une motte de rhubarbe âgée de plus de 3 ans, sans abîmer les racines. Au besoin, retaillez les feuilles au sécateur. En vous aidant d'une bêche, divisez la souche en gros fragments racinés comprenant chacun un ou plusieurs bourgeons. Replantez les éclats dans un sol riche et profond, la motte affleurant à la surface du sol, en maintenant de 80 cm à 1 m entre 2 pieds. Arrosez copieusement et paillez.

1

2

3

Octobre ou mars

Faible à moyenne

Entre 5 et 12 °C

Difficulté

Épisodique

Mars et avril

Planter un framboisier

Le dispositif de palissage devra être mis en place avant même la plantation de votre framboisier.

Octobre ou mars

Difficulté

Régulier

Moyenne

Entre 8 et 15 °C

De juin à l'automne
(selon la variété)

Trempez la motte débarrassée de son conteneur dans un seau d'eau jusqu'à ce que les dernières bulles d'air disparaissent. Posez le pied dans un trou de plantation de la taille de la motte et comblez les vides avec de la terre fine et ameublie. Tassez et arrosez avant de recouvrir le sol d'un épais paillis. Quelques jours plus tard, attachez les rameaux sur les fils de soutien.

1

2

3

Planter des ails

L'ail violet se plante en automne, l'ail blanc en hiver et l'ail rose au printemps.

D'octobre à mars

Difficulté

Aucun

Forte

Entre 5 et 18 °C

Juillet

1

2

3

Sur sol humide et frais, établissez à la houe une longue butte d'environ 15 cm de haut afin de conserver vos pieds d'ail au sec. Éclatez les gousses à la main et séparez les caïeux. Ne conservez que ceux du pourtour et débarrassez-les des tuniques desséchées qui y adhèrent. Tous les 10 cm, insérez un caïeu au sommet du billon, en laissant dépasser la pointe. Plus le sol est lourd et moins les caïeux d'ail se plantent profondément.

Récolter des salsifis

Le salsifis est un légume ancien, aujourd'hui essentiellement cultivé dans les potagers d'amateurs.

D'octobre à mars
Difficulté

Faible

Moyenne à forte

Entre 6 et 15 °C

D'octobre à mars

1

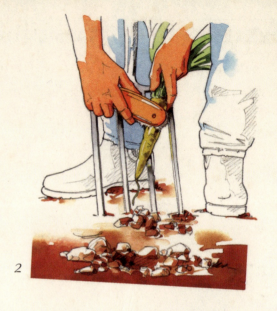
2

Prélevez à la fourche-bêche les racines de salsifis. Brossez-les afin de les débarrasser de la terre qui y adhère. Ne récoltez que la quantité dont vous avez besoin car, une fois sorties de terre, elles se conservent mal. Sur les pieds en place, sectionnez les feuilles au-dessus du collet et recouvrez-les d'une épaisse couche de paille qui vous permettra de poursuivre les arrachages malgré les gelées.

3

Bouturer un groseillier à grappes

La bouture en bois sec est un moyen commode pour implanter une petite haie en bordure de potager.

Prélevez au sécateur un jeune rameau de l'année, du diamètre d'un crayon. Retaillez-le à la serpette ou au sécateur juste sous un œil dans sa partie inférieure, légèrement au-dessus dans la partie supérieure. Piquez la bouture dans un sol léger et aéré, éventuellement allégé de sable, en ne laissant sortir de terre qu'1 ou 2 yeux. En octobre, arrachez la jeune bouture maintenant racinée et plantez-la comme vous le feriez avec un arbuste à racines nues.

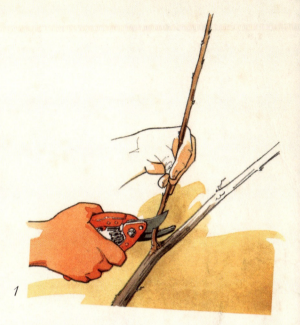
1

2

3

Novembre ou décembre

Difficulté

Moyenne

Entre 3 et 12 °C

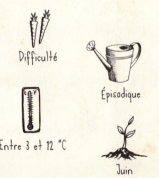

Épisodique

Juin

Toutes les illustrations sont de Michel Loppé.

Direction éditoriale : Élisabeth Pegeon
Édition : Juliette Magro assistée de Camille Vue
Préparation de copie et relecture : Delphine Billaut
Conception graphique et couverture : Mathieu Tougne
Mise en pages : Élise Bonhomme pour Patrick Leleux PAO
Direction de fabrication : Thierry Dubus
Fabrication : Florence Bellot

N° d'éditeur : 46376 (R17005)

Achevé d'imprimer en janvier 2017 par Estella Print (Espagne)

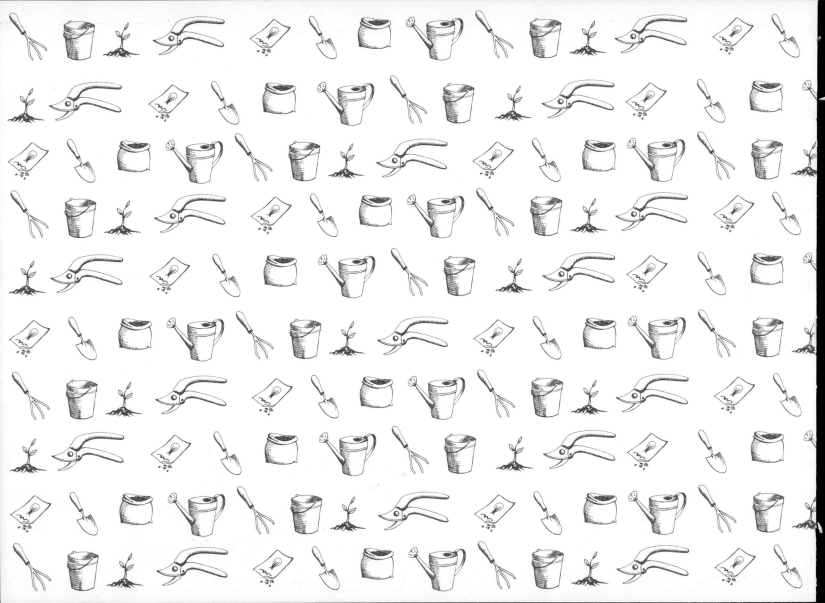